# JOHANN SEBASTIAN BACH

# FLÖTENSONATEN
## FLUTE SONATAS

### Band / Volume II

3 Sonaten für Flöte und bezifferten Bass
3 Sonatas for Flute and Figured Bass

BWV 1033, 1034, 1035

Herausgegeben von / Edited by
Konrad Hampe

Generalbassaussetzung von / Figured bass realization by
Michael Eberth

Urtext

EIGENTUM DES VERLEGERS · ALLE RECHTE VORBEHALTEN
ALL RIGHTS RESERVED

## C. F. PETERS

FRANKFURT/M. · LEIPZIG · LONDON · NEW YORK

# INHALT / CONTENTS

## Band / Volume I
3 Sonaten für Flöte und obligates Cembalo

## Band / Volume II
3 Sonaten für Flöte und Basso continuo

Sonate I h-Moll / B minor

Sonate IV C-Dur / C major

Sonate II Es-Dur / E flat major

Sonate V e-Moll / E minor

Sonate III A-Dur / A major

Sonate VI E-Dur / E major

Hinweis: Eine Sonate für Flöte und Cembalo/Klavier in g-Moll, die längere Zeit unter dem Namen J.S. Bachs veröffentlicht war (BWV 1020), ist in der Edition Peters als Komposition C.Ph.E. Bachs erschienen, da dessen Autorschaft am wahrscheinlichsten ist (Edition Peters Nr. 9856).

NB: A Sonata in G minor for flute and harpsichord (or piano) long published under the name of J. S. Bach has been issued in Edition Peters under the name of its most likely author, C. P. E. Bach (Edition Peters No. 9856).

# Vorwort

Die vorliegende Ausgabe der drei Flötensonaten mit Generalbass wurde unter den gleichen Gesichtspunkten wie der bereits erschienene erste Band der Sonaten mit obligatem Cembalo erstellt, d. h.: im Vordergrund steht barocke Vielfalt anstatt jener Eintönigkeit, wie sie in späterer Zeit vielfach die Folge von Abänderungen des originalen Textes und der Angleichung von parallelen Stellen war. Das betrifft Tonhöhe, Rhythmus und Artikulationen. Anders als bei den Sonaten h-Moll BWV 1030 und A-Dur BWV 1032 des ersten Bandes, wo uns Reinschriften von Joh. Seb. Bachs Hand vorliegen, sind wir bei den übrigen Sonaten auf eine Reihe von Abschriften angewiesen, die in der Tonhöhe nur wenige Abweichungen, rhythmisch einige Varianten und bei den Artikulationen viele Unstimmigkeiten aufweisen. Die Autorschaft Joh. Seb. Bachs an den beiden Sonaten in e-Moll BWV 1034 und E-Dur BWV 1035 steht außer Zweifel. Bei der Sonate in C-Dur BWV 1033 ist als Schreiber und vielleicht sogar als Komponist unter väterlicher Aufsicht Carl Philipp Emanuel Bach zu sehen (siehe Vorwort in der Ausgabe von Alfred Dürr von 1974). Varianten der einzelnen Vorlagen wurden direkt in den Notentext aufgenommen, sodass sie wahlweise verwendet werden können. Bei den Bindebögen, die insbesondere im ersten Satz der Sonate in C-Dur von den einzelnen Abschreibern sehr ungenau gesetzt wurden, wurde teils nach dem Mehrheitsprinzip verfahren, teils aber auch versucht, eine sinngemäß gute Mischung herzustellen, die auch in stilistischer Hinsicht vertreten werden kann. Ergänzungen oder Zusätze sind wie im ersten Band jeweils kenntlich gemacht. Über Abweichungen der verschiedenen Quellen gibt der Revisionsbericht am Ende des Heftes Auskunft. Bei der Aussetzung des Generalbasses wurde besonderes Augenmerk auf zwei Quellen aus Bachs Umkreis bzw. auf einige Stellen seiner Kompositionen gelegt. Näheres hierzu ist ebenfalls im Revisionsbericht ausgeführt.

*Konrad Hampe*

# Preface

The present edition of the three flute sonatas with basso continuo was prepared in accordance with the principles applied in the first volume of sonatas with obligato harpsichord, which has already been published. In other words, preference was given to baroque variety over the blandness that results when parallel passages are later standardized, thereby altering the original text. These alterations may affect pitch, rhythm, or articulation. Unlike the sonatas in B minor (BWV 1030) and A major (BWV 1032) in the first volume, which have come down to us in fair copies in Johann Sebastian Bach's own hand, for the other sonatas we are forced to rely on a series of copyist's manuscripts that reveal a few departures in pitch, several rhythmic variants, and a great many inconsistencies in articulation. Bach's authorship of the sonatas in E minor (BWV 1034) and E major (BWV 1035) stands above dispute. The Sonata in C major (BWV 1033) was copied out, and perhaps even composed, by Carl Philipp Emanuel Bach under his father's tutelage (see the preface to Alfred Dürr's edition of 1974). Conflicting variants in the original sources have been incorporated directly into the musical text for players to use at their own discretion. In the case of slurs, which were handled very imprecisely by the various copyists (especially in the first movement of the C-major Sonata), we have adopted those occurring in a majority of sources while at times attempting to create a judicious and stylistically justifiable mixture. As in the first volume, all additions or emendations are clearly identified as such. Information on discrepancies in the various sources can be found in the editorial notes at the end of our volume. The realization of the figured bass has been prepared with special attention to two sources from Bach's personal surroundings and to several passages in his compositions. This, too, is discussed in greater detail in the editorial notes.

*Konrad Hampe*

# JOHANN SEBASTIAN BACH

# FLÖTENSONATEN

## FLUTE SONATAS

### Band / Volume II

3 Sonaten für Flöte und bezifferten Bass
3 Sonatas for Flute and Figured Bass
BWV 1033, 1034, 1035

Herausgegeben von / Edited by
Konrad Hampe

Basso continuo
(Violoncello)

Urtext

EIGENTUM DES VERLEGERS · ALLE RECHTE VORBEHALTEN
ALL RIGHTS RESERVED

## C. F. Peters

FRANKFURT/M. · LEIPZIG · LONDON · NEW YORK

Basso continuo

# Sonate IV
C-Dur / C major

J. S. Bach (1685-1750)
BWV 1033
Herausgegeben von Konrad Hampe
Generalbassaussetzung von Michael Eberth

Basso continuo

Basso continuo

# SONATE VI

E-dur / E major

J. S. Bach (1685-1750)
BWV 1035
Herausgegeben von Konrad Hampe
Generalbassaussetzung von Michael Eberth

Adagio ma non tanto

Allegro

## Adagio

*Menuett I ab initio*

# SONATE V

e-Moll / E minor

J. S. Bach (1685-1750)
BWV 1034

Herausgegeben von Konrad Hampe
Generalbassaussetzung von Michael Eberth

# JOHANN SEBASTIAN BACH

# FLÖTENSONATEN
## FLUTE SONATAS

### Band / Volume
### II

3 Sonaten für Flöte und bezifferten Bass
3 Sonatas for Flute and Figured Bass

BWV 1033, 1034, 1035

Herausgegeben von / Edited by
Konrad Hampe

Flöte

Urtext

EIGENTUM DES VERLEGERS · ALLE RECHTE VORBEHALTEN
ALL RIGHTS RESERVED

## C. F. Peters

FRANKFURT/M. · Leipzig · London · New York

# Sonate IV

## C-Dur / C major

Flöte

J. S. Bach (1685-1750)
BWV 1033
Herausgegeben von Konrad Hampe

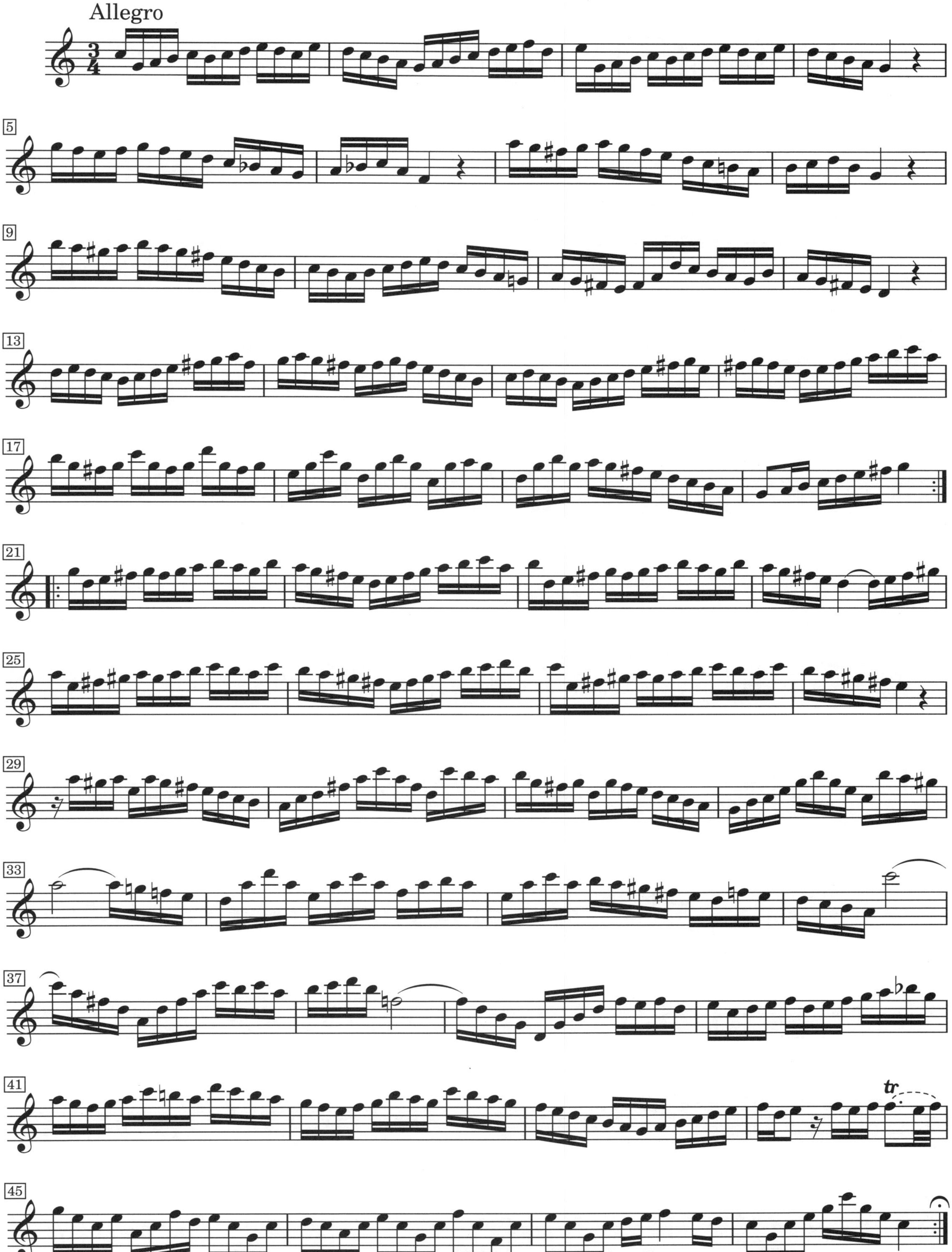
Allegro
5
9
13
17
21
25
29
33
37
41
tr
45

Adagio
tr
tr
5
tr
ossia:
9
tr
12
ossia:
Menuett I
tr
9
tr
tr
Menuett II
tr
7
14
21
Menuett I ab initio

# SONATE V

## e-Moll / E minor

J. S. Bach (1685-1750)
BWV 1034
Herausgegeben von Konrad Hampe

Adagio ma non tanto

Flöte

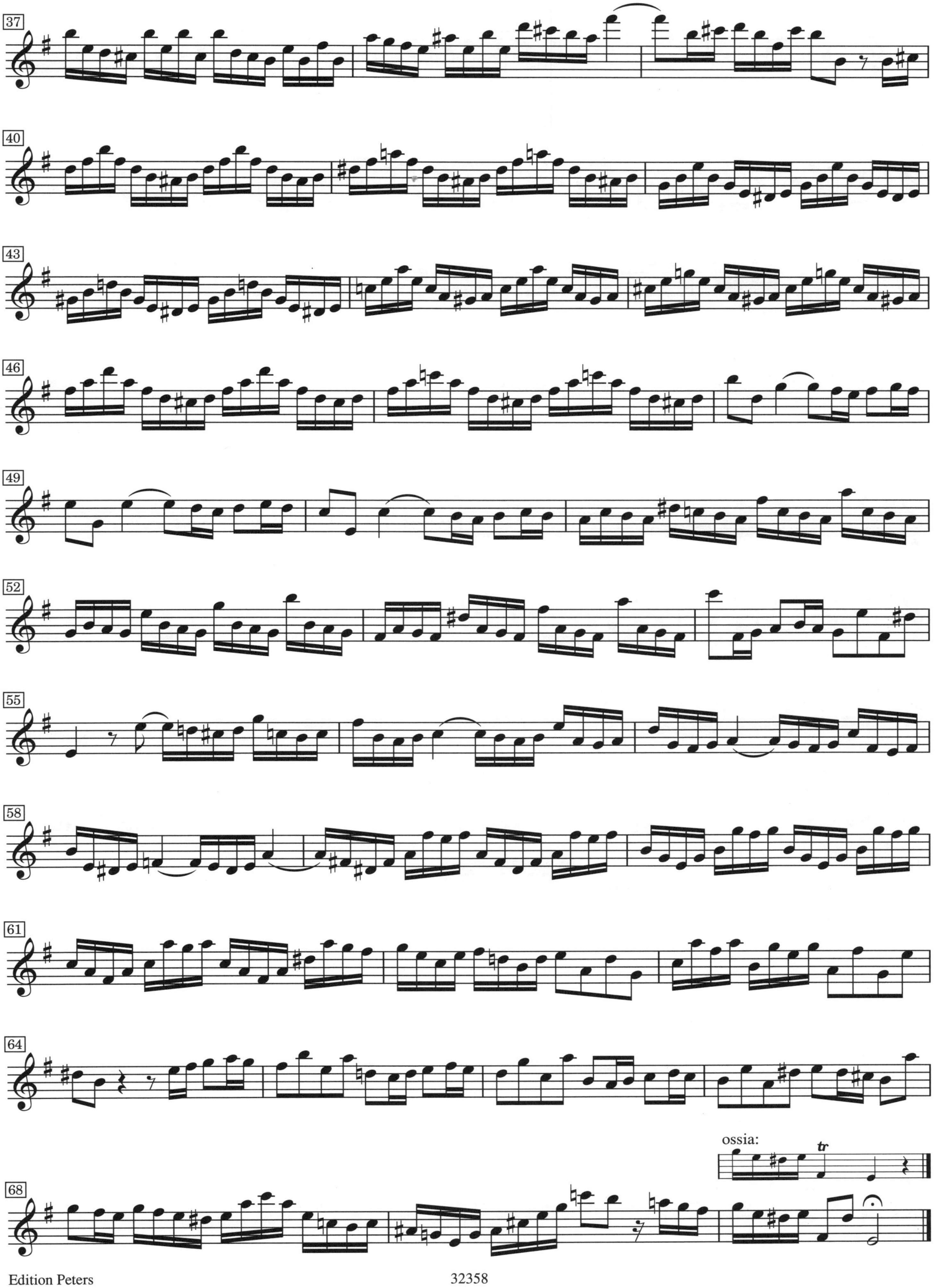
37
40
43
46
49
52
55
58
61
64
ossia:
tr
68

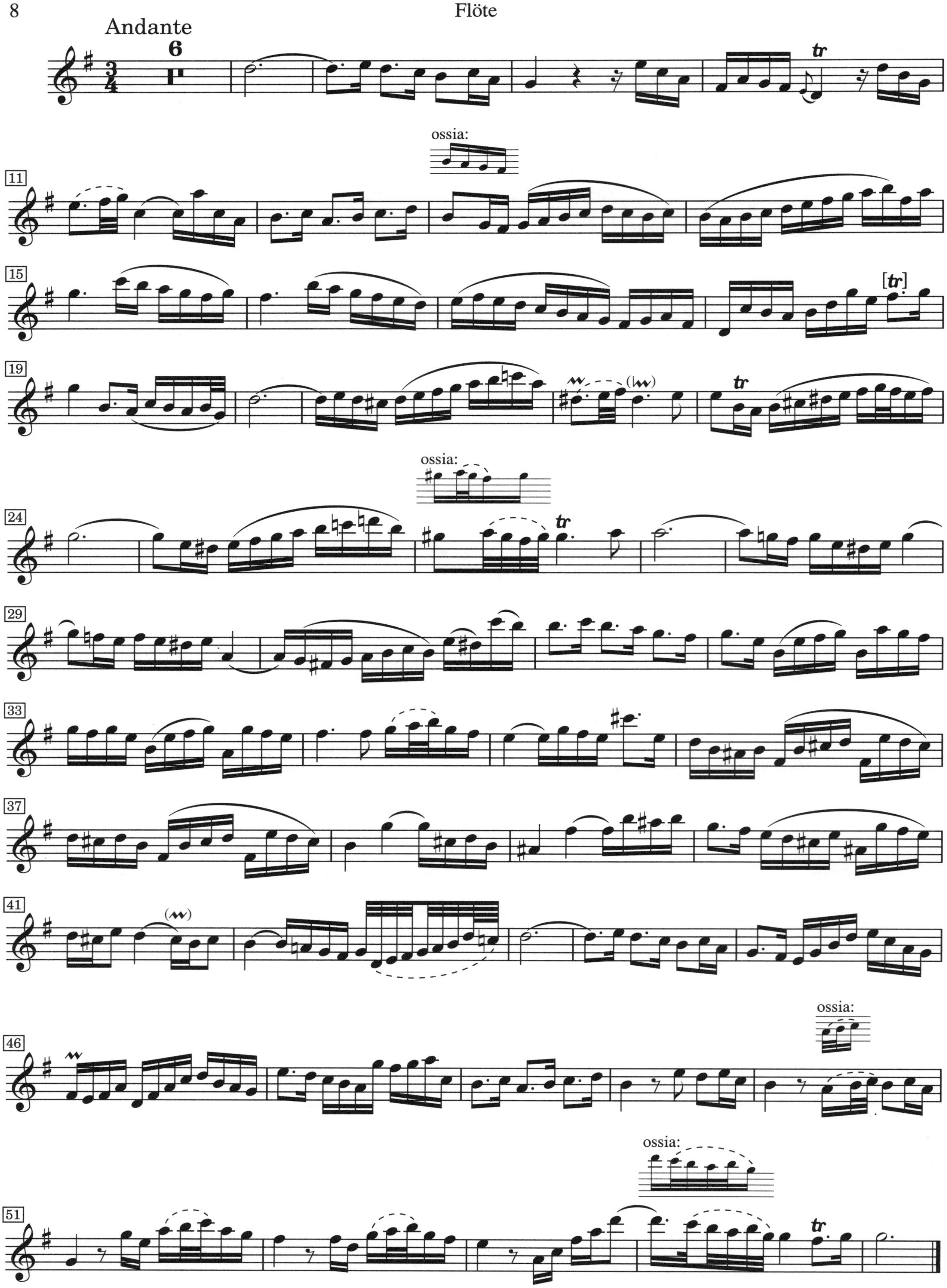
Andante
6
ossia:
11
15
19
24
ossia:
29
33
37
41
46
ossia:
ossia:
51

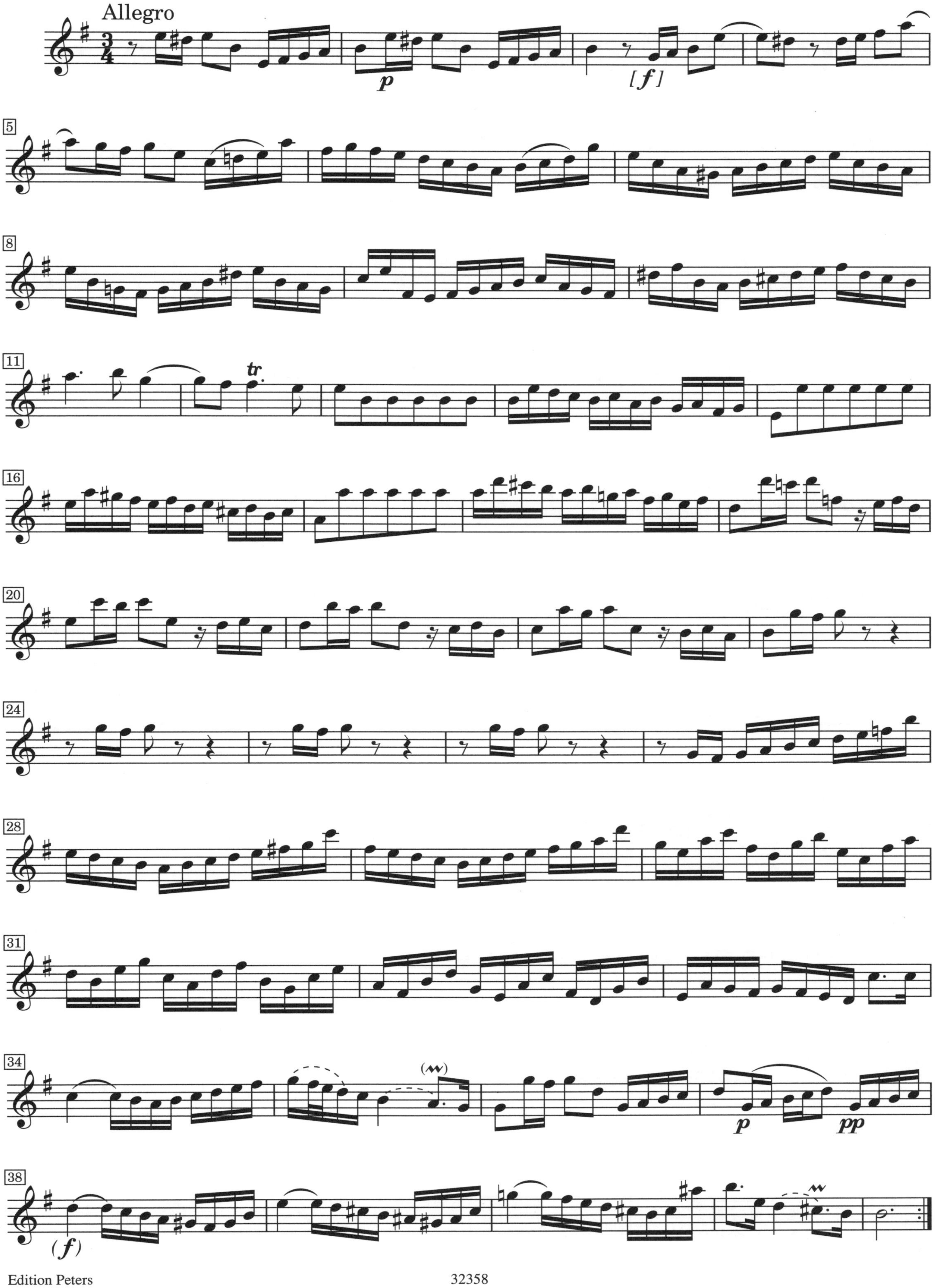
Allegro
p
[f]
5
8
11
tr
16
20
24
28
31
34
p
pp
38
(f)

Flöte

# SONATE VI
### E-Dur / E major

J. S. Bach (1685-1750)
BWV 1035
Herausgegeben von Konrad Hampe

Adagio ma non tanto

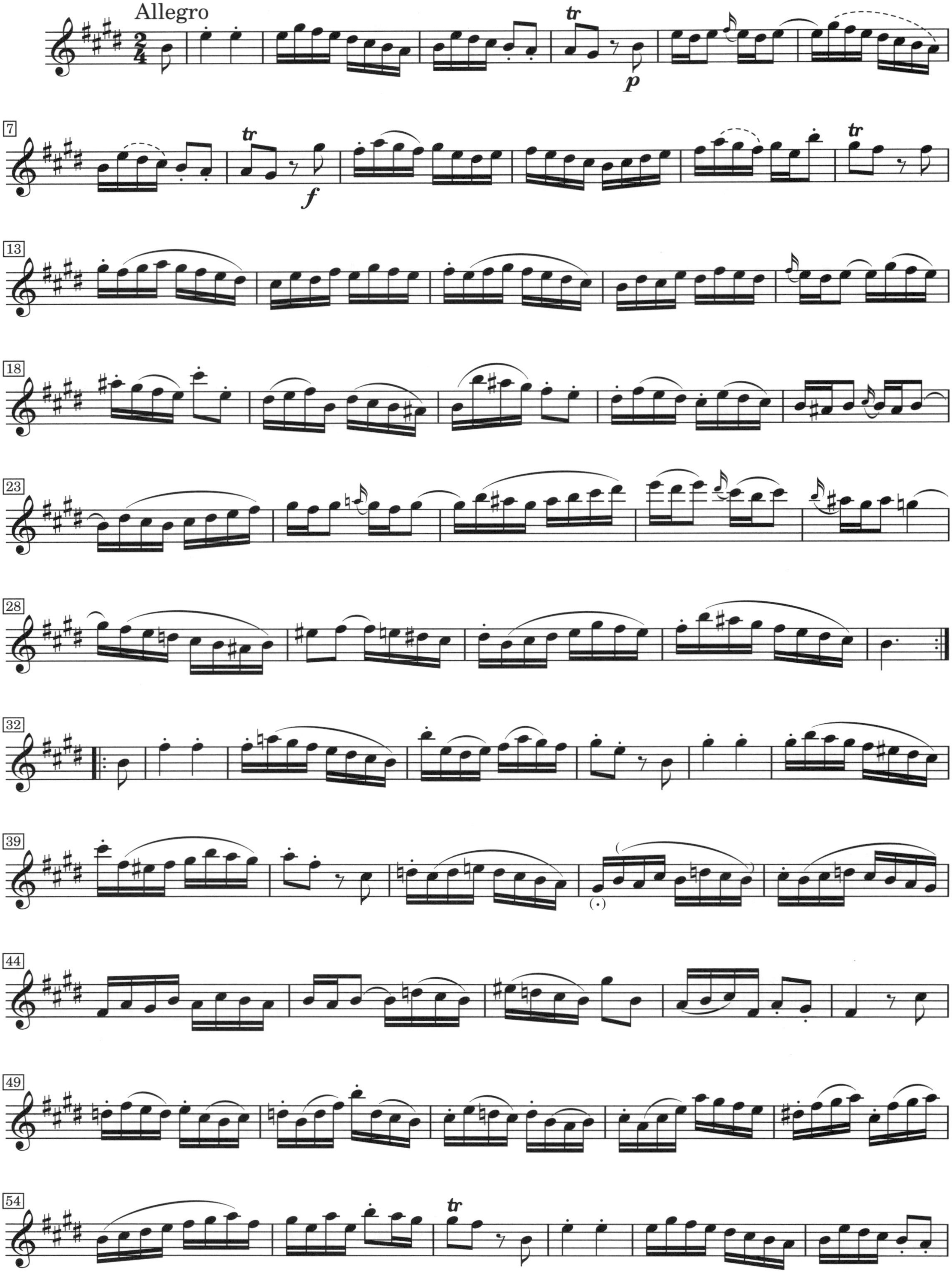
Allegro

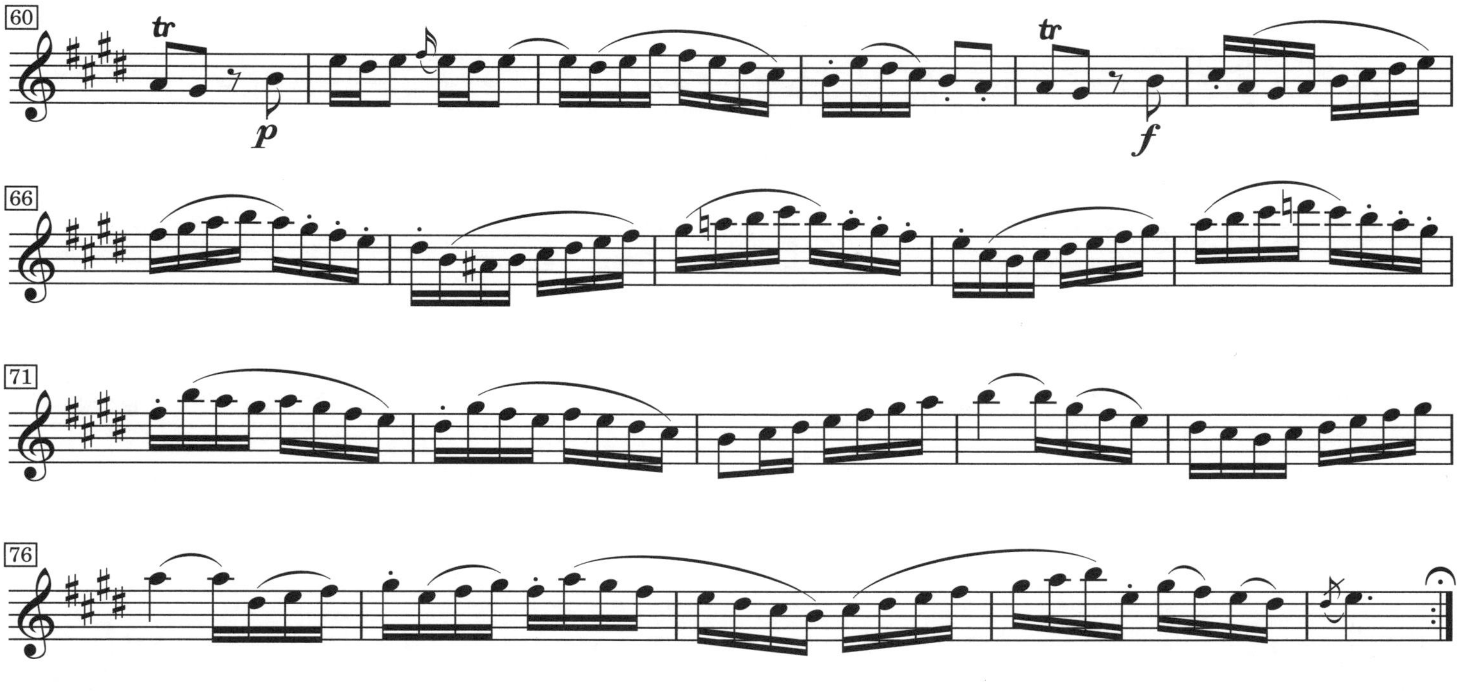


## Siciliano

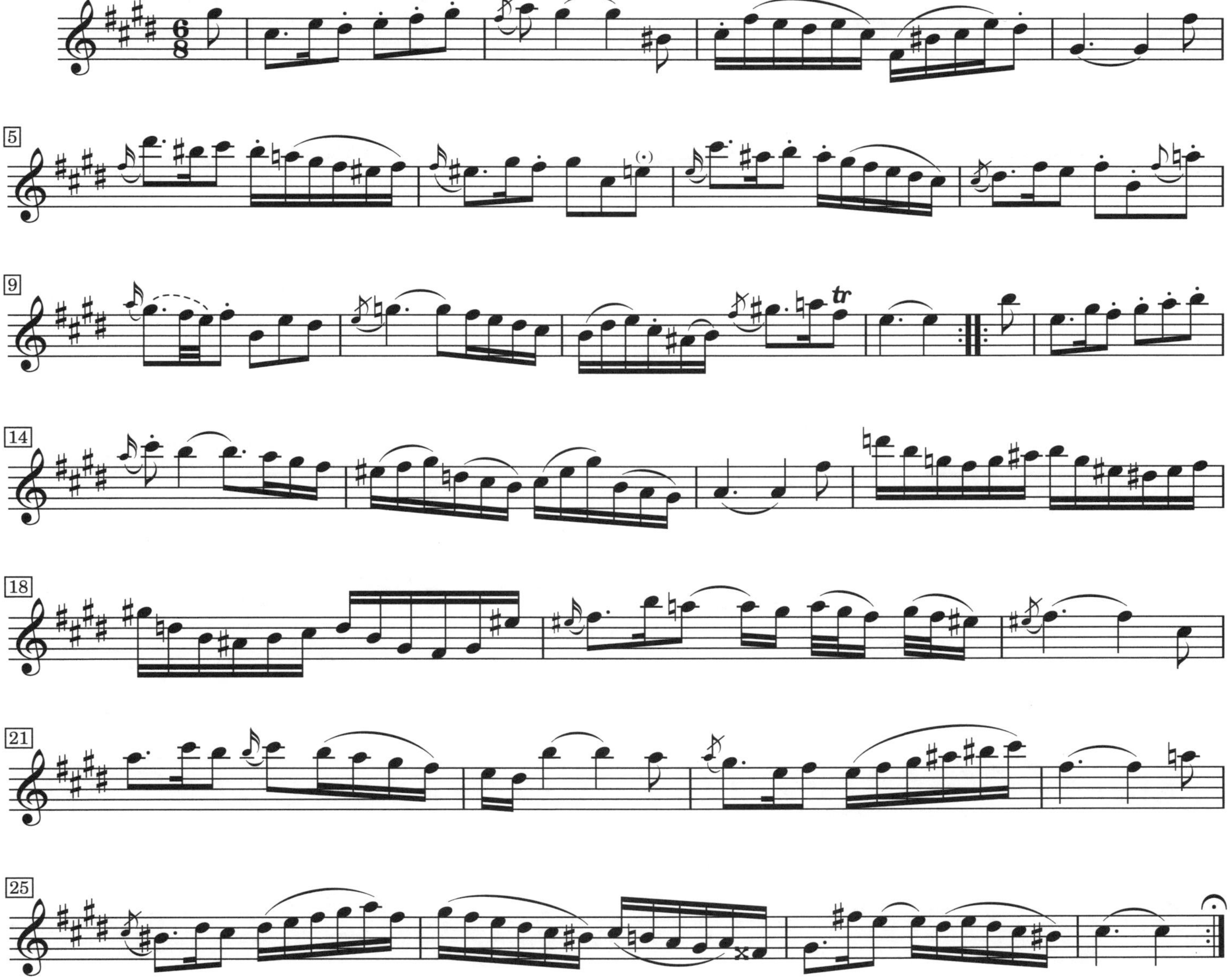

# Flöte

**Allegro assai**

### Verzierungstabelle aus dem Klavierbüchlein für Wilhelm Friedemann Bach

Diese von Johann Sebastian Bach geschriebene Tabelle enthält Zeichen und Ausführung der von ihm verwendeten Verzierungen („Manieren"). Das als letztes aufgeführte Zeichen wurde im Text der vorliegenden Ausgabe häufig in Klammern hinzugefügt. Bindebögen wurden in Strichelung an nur wenigen Stellen ergänzt, können aber durchaus an geeigneten Stellen zugesetzt werden. Anregungen geben auch die Flötenstimmen in Bachs Kantaten und Oratorien[**]. Im übrigen empfiehlt sich die Beschäftigung mit den verschiedenen barocken Stoßarten, wie sie von Quantz, Tromlitz und anderen beschrieben werden.

### Table of ornaments from the *Klavierbüchlein* for Wilhelm Friedemann Bach

This table, written in the hand of Johann Sebastian Bach, contains signs for the ornaments he employed and indicates their manner of execution. The sign at the bottom of the table has frequently been added in parentheses to the musical text of our edition. Slurs have been supplied in a few passages, always using dotted lines, and may also be added to other passages as applicable. Further ideas may be obtained from the flute parts in Bach's cantatas and oratorios.[**] Beyond that, players are urged to study the various forms of baroque attack as described by Quantz, Tromlitz and others.

[**] Siehe z.B.: Repertoire der Flötenpartien aus Bachs Kantaten- und Oratorienwerk, Edition Peters Nr. 8203a-d.

# EDITION PETERS

## MUSIK FÜR FLÖTE / FLUTE MUSIC

**C. P. E. BACH** Sonate g für Flöte (Vl.) u. Cemb. (früher
J. S. Bach zugeschrieben; BWV 1020/Anh.III, 184). . (*)EP 9856

**J. S. BACH** Repertoire der Flötenpartien aus dem
Kantaten- und Oratorienwerk (W. Richter)
- – Bd. I: Kantaten Nr. 8-102, Matthäus-Passion u. a. . . EP 8203a
- – Bd. II: Kantaten Nr.103-198; Messen h, A; Magnificat. . EP 8203b
- – Bd. III: Kantaten Nr. 201-215, Joh.-Passion u. a. . . EP 8203c
- Partita a-Moll BWV 1013 für Flöte solo, (E. List) . . EP 9023
- 6 Sonaten, Urtext-Neuausgabe (Hampe)
- – Bd. I: Sonaten h, Es, A BWV 1030-32 für Fl. u. Cemb. . . (*)EP 4461aa
- – Bd. II: Sonaten C, e, E BWV 1033-35 für Fl. u. Bc. . . (*)EP 4461bb
- Sonate A BWV 1032, 1. Satz (ergänzt v. K. Hampe) . . EP 4461c
- Sonate g BWV 1030b für Fl. (Ob.) u. Bc.,
Rekonstruktion d. 1. Fassg. v. BWV 1030 (Meylan). . EP 8118
- Suite h (Ouverture Nr. 2) BWV 1067, Fl. u. Klav. . . (*)EP 4921

**BEETHOVEN** Serenade op. 41 für Fl. u. Klav. . . . . . EP 4663

**BUFFARDIN** Concerto e für Fl., Str. u. Bc., Klav.-Ausz. . . EP 9955

**CIMAROSA** Konzert G-Dur für 2 Flöten u. Orchester,
Ausgabe für 2 Flöten u. Klavier (Burmeister) . . . . . . EP 5519

**CRUMB** An Idyll for the Misbegotten f. Fl. u. Schlz. . . EP 67094

**DEBUSSY** »Syrinx« für Flöte solo (E. List) . . . . . . . EP 9160

**DEVIENNE** 6 Duettinos op. 82 für 2 Flöten . . . . . . EP 8366

**DONIZETTI** Sonate für Flöte u. Klav. (Meylan) . . . (*)EP 8044
- Sonate für Flöte und Harfe (Meylan) . . . . . . . . . . EP 8043

**FAURÉ** Fantaisie op. 79 für Flöte u. Klav., Urtext . . . EP 9890
- Anthologie ausgew. Stücke (Fl. u. Klav.): Berceuse op.16,
Pavane op. 50, Air de danse (aus op. 52), Berceuse
(aus op. 56), Sicilienne op. 78, Fantaisie op. 79, Interlude
(aus op. 80), 2 Morceaux de lecture (Sarabande, Barcarolle),
Vocalise-Étude (R. Howat) . . . . . . . . . . . . . . . EP 7514

**GENZMER** Pan für Fl. solo oder Altquerfl. (G) solo. . EP 8798
- Sonate für Flöte solo . . . . . . . . . . . . . . . . . . EP 8180
- Zweite Sonate für 2 Flöten . . . . . . . . . . . . . . . EP 8499
- Trio für 3 Flöten . . . . . . . . . . . . . . . . . . . . . EP 8740
- Quartett für 4 Flöten . . . . . . . . . . . . . . . . . . EP 8750

**HÄNDEL** 3 Hallenser Sonaten a, e, h HWV 374-76
für Flöte und Basso continuo (Woehl) . . . . . . . . . (*)EP 4554
- Sonaten e, G, h HWV 359b, 363b, 367b
für Flöte und Basso continuo (Woehl) . . . . . . . . . (*)EP 4553

**HAYDN** 3 Trios (»Flötentrios«) Hob.XV: 15-17
für Flöte, Violoncello und Klav., Urtext (Burmeister). . (*)EP 8907
- Cassation D Hob. IV: D 2 für Flöte, Vl. und Bc. (Nagel) . EP 8132
- Sonate G für Fl. und Klavier (nach Hob. III: 81) . . . (*)EP 190a
- Londoner Trios Hob. IV: 1-3 f. 2 Flöten u. Vc. . . . . (*)EP 4972

**JANÁCEK** »Marsch der Blaukehlchen« f. Picc. u. Klav. . . EP 9868

**KAGEL** Phantasiestück für Flöte und Klavier . . . . . EP 8715

**KUHLAU** 6 Divertissements op. 68 für Fl. solo . . . . EP 8546
- Duos op. 10, 80, 81, für 2 Flöten, 3 Bände . . . . . EP 1238-40
- 3 Grands Solos op. 57 für Flöte (Klavier ad lib.) . . . EP 8392
- Quartett E-Dur für 4 Flöten (Nagel) . . . . . . . . . . EP 8085

**MOZART** Konzert G KV 313 (List/Thiele) . . . . . . (*)EP 9030
- Konzert D KV 314 (List/Thiele) . . . . . . . . . . . . (*)EP 9029

- Andante C KV 315 (285e), Urtext (Schenck) . . . . (*)EP 8959
- Konzert C KV 299 für Flöte, Harfe u. Orchester,
Ausgabe für Flöte und Klavier (W. Richter) . . . . . . (*)EP 8139
- Quartette: C KV Anh. 171 (285b) / D KV 285 / A KV 298
für Flöte, Violine, Viola u. Violoncello; Stimmen . . . (*)EP 17a

**PEZ** Concerto e (Sonata da camera), Klavierauszug. . . EP 5954

**QUANTZ** Capricen, Fantasien und Stücke für Flöte solo
(QV 3:1-22), Urtext (Augsbach) . . . . . . . . . . . . . EP 9954
- Drei Trios (QV 3:30-32) f. 3 Flöten, Urtext (Augsbach). . EP 9479
- Konzert G (QV 5:174) f. Flöte, Streicher u. Bc.,
Ausg. f. Fl. u. Klav., Urtext (Nastasi/Burmeister). . . (*)EP 8771
- Konzert G (QV 5:182) f. Fl., Fag. (ad lib.), Str. u. Bc.,
Ausg. f. Fl. u. Klav., Urtext (Augsbach/Burmeister). . EP 9699
- Konzert g (QV 5:193) f. Flöte, Streicher u. Bc.,
Ausg. f. Fl. u. Klav., Urtext (Burmeister) . . . . . . . EP 9697
- Konzert h (QV 5:272) f. Flöte, Str. u. Bc., Erstausgabe
Ausg. f. Fl. u. Klav., Urtext (Augsbach/Burmeister). . EP 8834

**REGER** Serenade G op. 141a f. Flöte, Violine u. Viola. . EP 3453a

**ROSSINI** 12 Walzer für 2 Flöten (Kessick) . . . . . . . EP 8598

**SALIERI** Konzert C für Flöte, Oboe und Orchester,
Klavierauszug (Wojciechowski) . . . . . . . . . . . . . EP 5891

**SATIE** Trois Gymnopédies, arr. für Flöte u. Klavier . . EP 7341

**SCHUBERT** Variationen e über »Trockne Blumen« D 802
f. Fl. u.Klavier, Neuausgabe, Urtext (Burmeister). . EP 10994

**N. SHERIFF** »Sonata a tre« für Flöte, Piccoloflöte
und Altflöte in G (1 Spieler) . . . . . . . . . . . . . . EP 8976

**A. STAMITZ** 8 Capricen für Flöte solo . . . . . . . . . EP 8197

**TELEMANN** 12 Fantasien (TWV 40: 2-13)
für Flöte solo, Urtext (Burmeister) . . . . . . . . . . . EP 9715
- Suite a (TWV 55: a 2) f. Flöte., Streicher. u. Bc.,
Ausgabe für Flöte und Klavier (Salter) . . . . . . . . (*)EP 7787
- Concerto G (TWV Anh.42: G)
für Flöte, Oboe d'amore und Bc., (Havemann) . . . . EP 8057

**TRAEG** Fantasie G op. 2 f. Flöte solo (Schleuning) . . EP 8375

**VERACINI** 12 Sonaten (1716) für Altblockflöte (Flöte)
und Bc., 4 Hefte (Kolneder) . . . . . . . . . . . . . . (*)EP 4965a-d

### Sammlungen / Collections

**DIE SOLOFLÖTE** Sammlung repräsentativer Werke
vom Barock bis zur Gegenwart für Flöte solo (Nastasi)
- Bd. I: Barock . . . . . . . . . . . . . . . . . . . . . . . EP 8641a
- Bd. II: Klassik . . . . . . . . . . . . . . . . . . . . . . EP 8641b
- Bd. III: Romantik . . . . . . . . . . . . . . . . . . . . EP 8641c
- Bd. IV: Das 20. Jahrhundert von 1900-1960:
Werke von Karg-Elert, Honegger, Jolivet, Maderna,
Berio (Sequenza, Originalfassung 1958) u. a. . . . . EP 8641d

**ORCHESTER-PROBESPIEL** f. Flöte/Piccoloflöte. . (*)EP 8659

**R. STRAUSS** Orchesterstudien (Leeuwen). . . . . . . EP 4189k

**ORCHESTERSTUDIEN** für Piccoloflöte (Nitschke)
- Bd. I: Bartók bis Rossini / Bd. II: Rossini bis Wagner . . EP 8404a/b

**KLASSIK-HIGHLIGHTS** Berühmte klass. Stücke zum
Musizieren mit CD-Begleitung: Bach, Air; Händel, Largo;
Pachelbel, Kanon; Schubert, Ave Maria u. a. . . . . . EP 10910a

(*) Zu diesen Ausgaben ist eine Mitspiel-CD mit eingespieltem Orchester- bzw. Klavierpart erhältlich / Music partner CD available
Bitte fordern Sie den Katalog der Edition Peters an / For our free sales catalogue please contact your local music dealer

**C. F. PETERS · FRANKFURT/M. · LEIPZIG · LONDON · NEW YORK**

www.edition-peters.de · www.edition-peters.com

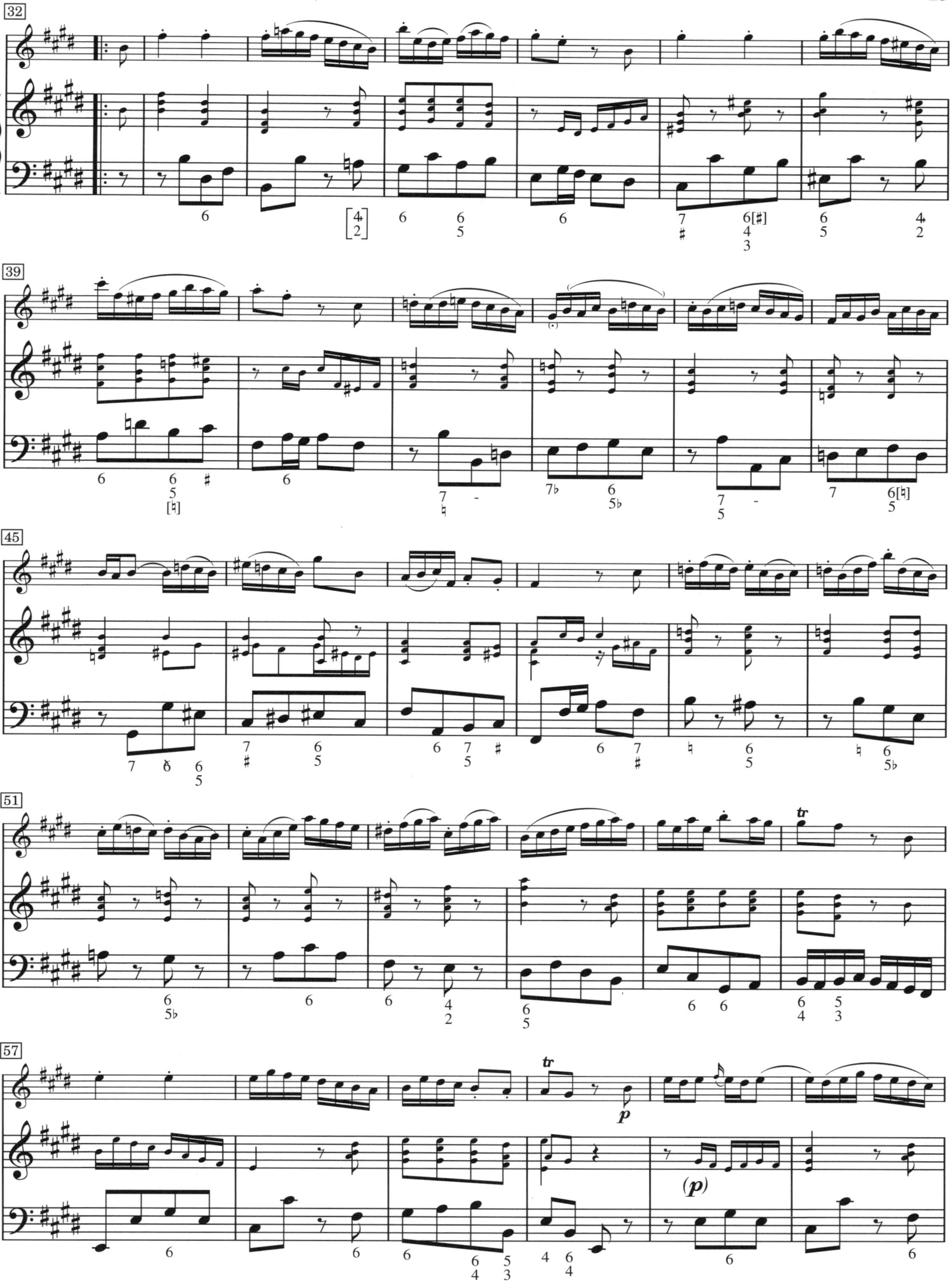
32
39
45
51
57
tr
tr
p
(p)

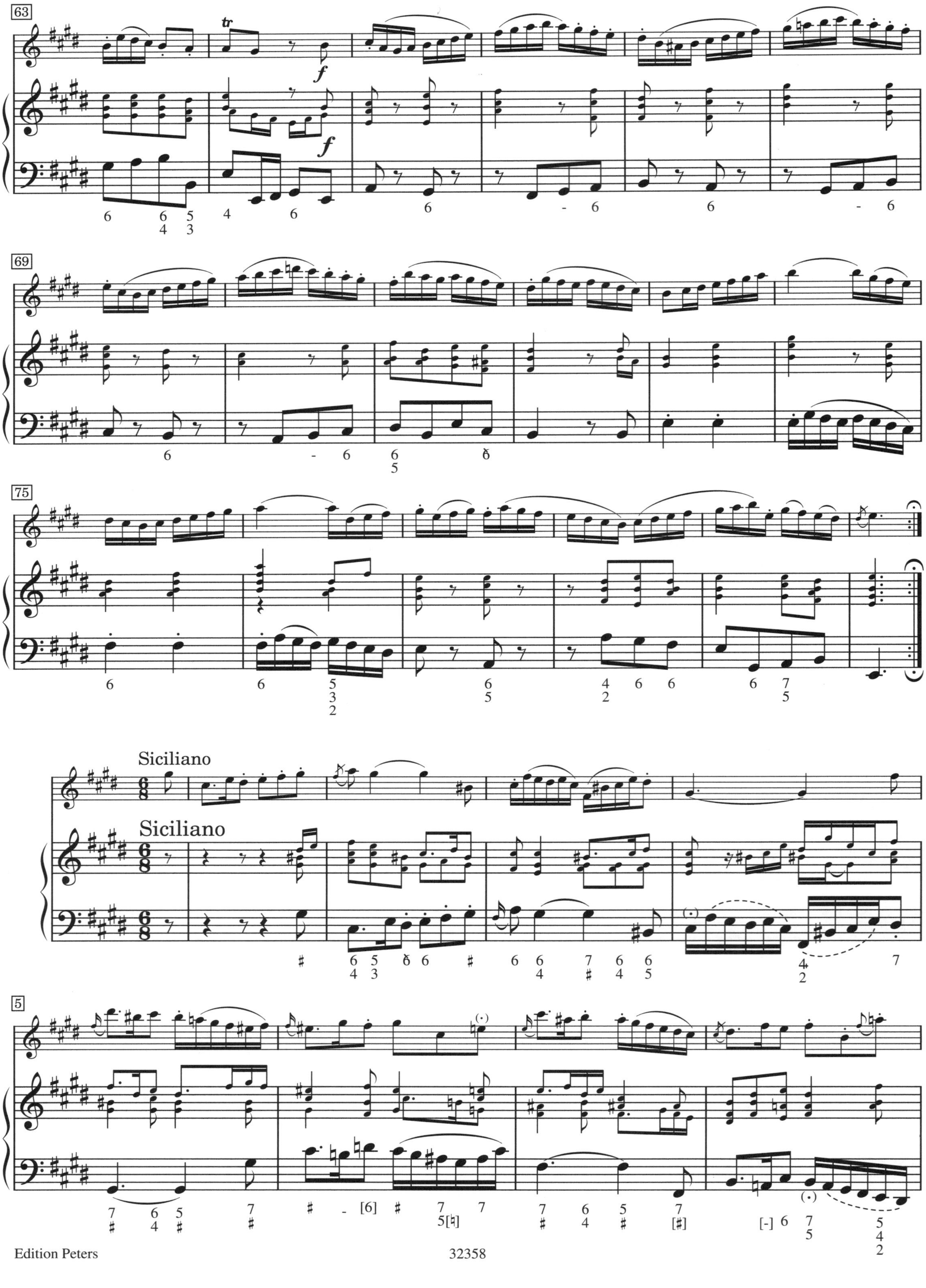
63
tr
f
f
69
75
Siciliano
Siciliano
5

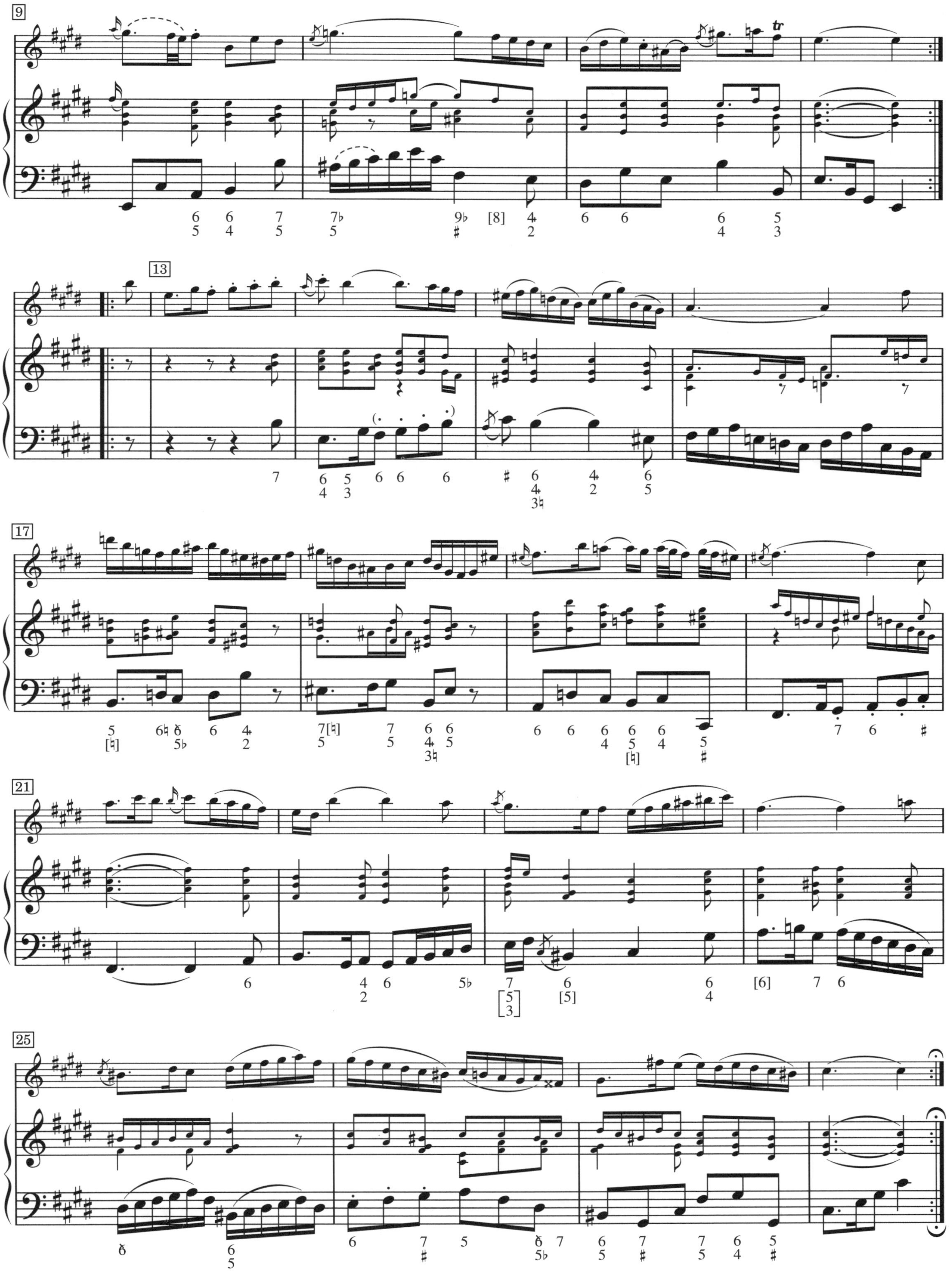
9
13
17
21
25

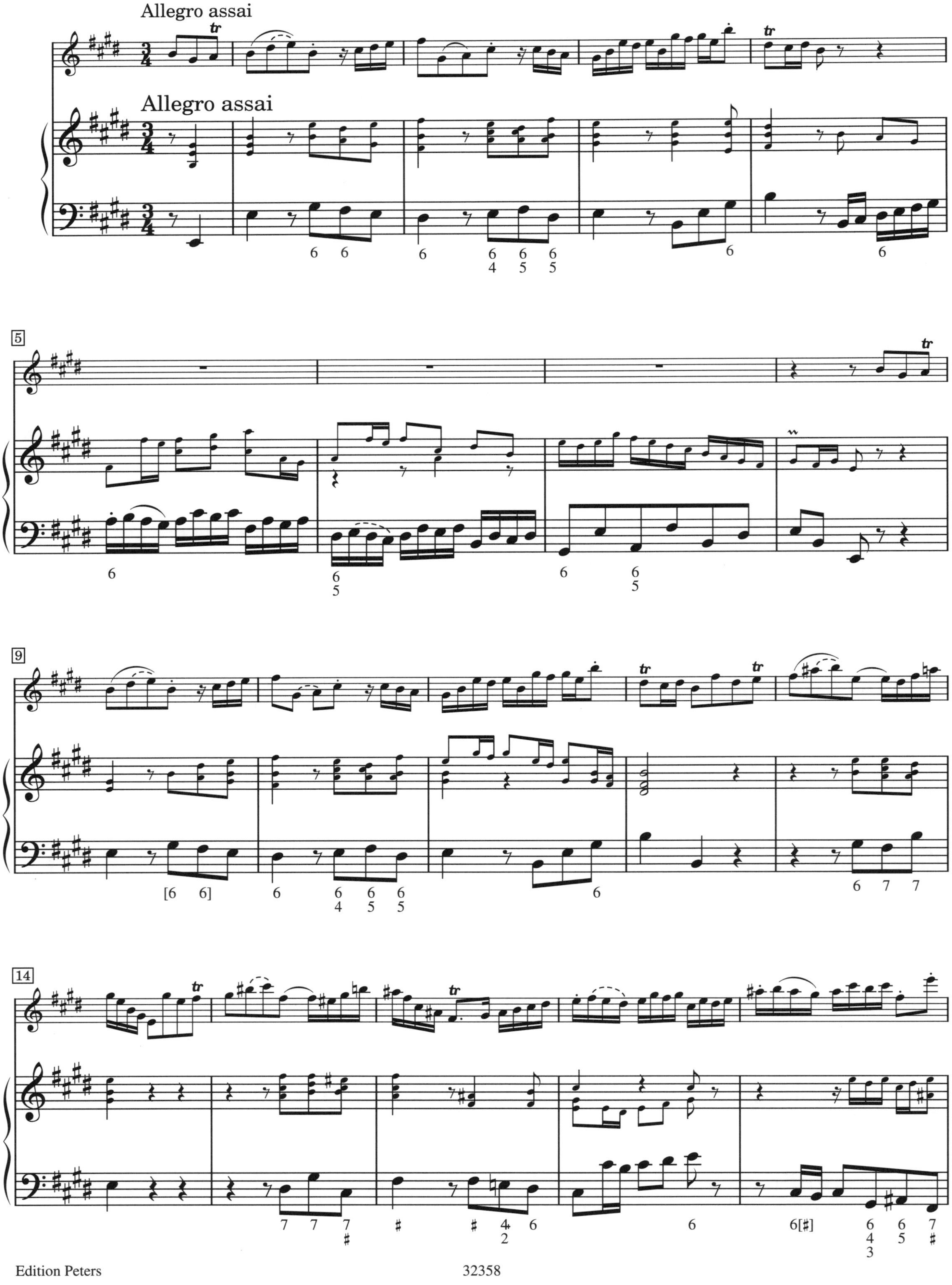
Allegro assai
Allegro assai
5
9
14

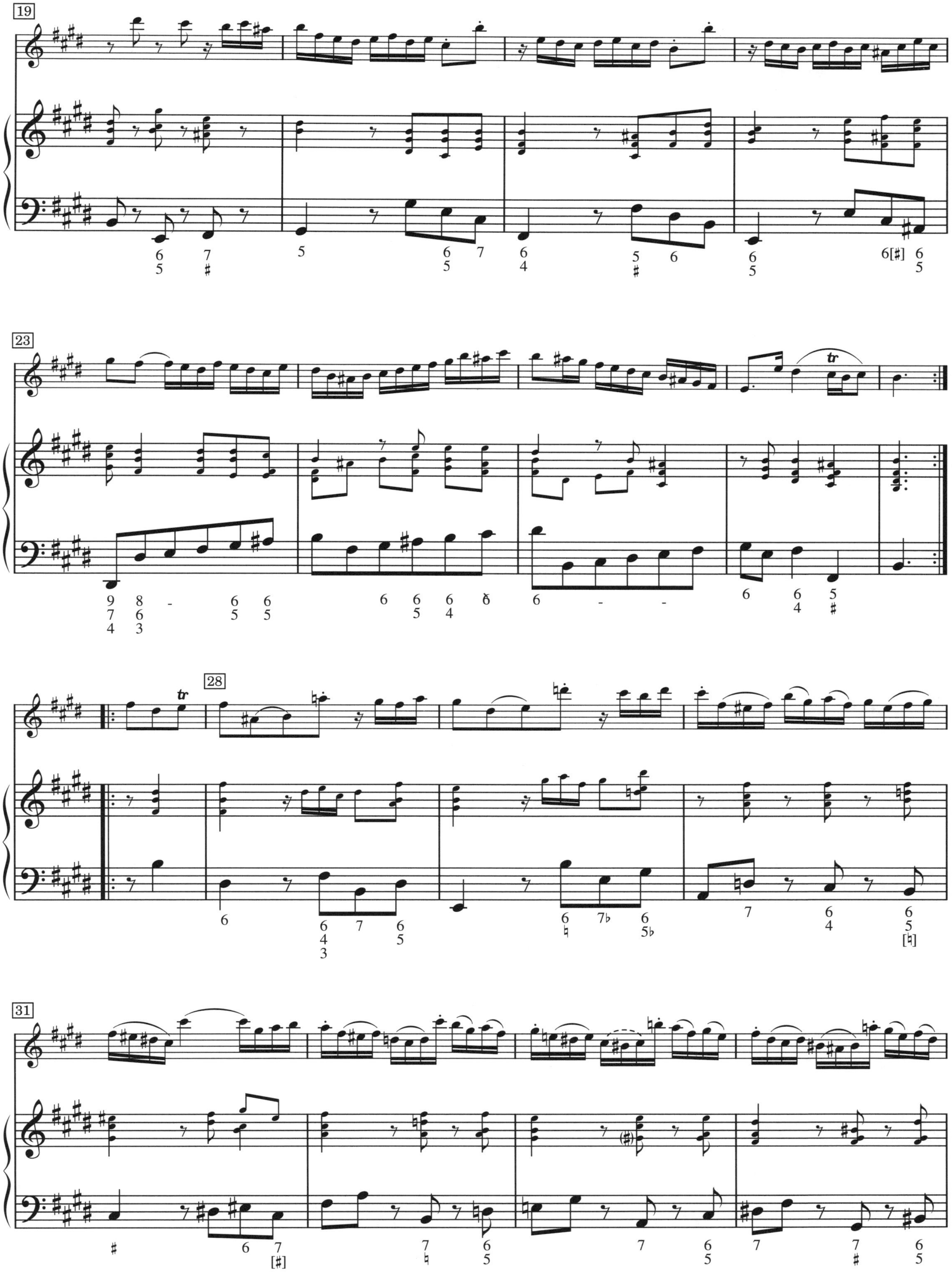
19
23
28
31

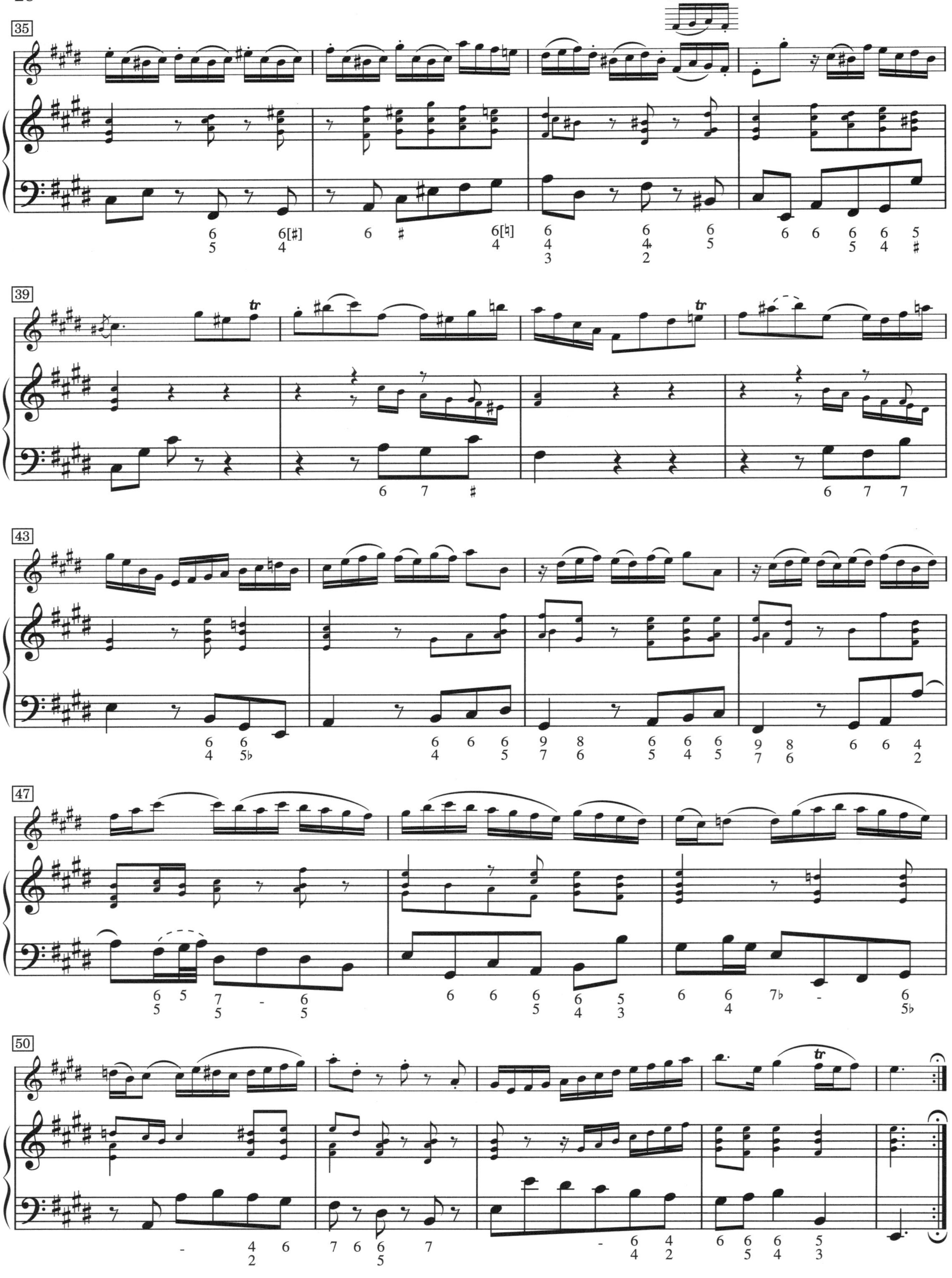
ossia:
35
39
43
47
50

Revisionsbericht

# Revisionsbericht

## Sonate C-Dur BWV 1033

Als Vorlage für die vorliegende Neuausgabe dienten verschiedene Abschriften, wovon die im folgenden genannte Quelle A besonderes Interesse findet, da sie in der Handschrift Carl Philipp Emanuel Bachs überliefert ist, wobei denkbar ist, dass die Sonate ein Jugendwerk desselben darstellt, komponiert unter Mithilfe des Vaters.

Quellen:
A = Staatsbibliothek zu Berlin, Preußischer Kulturbesitz
   Stimmenabschrift C. Ph. Emanuel Bachs
   Signatur: Mus. ms. Bach St 460
B = Staatsbibliothek zu Berlin, Preußischer Kulturbesitz
   Stimmenabschrift von Michel, Kopist C. Ph. E. Bachs in Hamburg
   Signatur: Mus. ms. Bach St. 440
D = Staatsbibliothek zu Berlin, Preußischer Kulturbesitz
   Stimmenabschrift mit Aussetzung des Generalbasses durch Graf Voß von Buch (Havelberg).
   Signatur: Mus. ms. Bach St 441
E = Staatsbibliothek zu Berlin, Preußischer Kulturbesitz
   Partiturabschrift
   Signatur: Mus. ms. Bach P 620

(Zu weiteren, hier nicht verwendeten Quellen siehe den Kritischen Bericht der Neuen Bachausgabe.)

### 1. Satz Andante

| Takt | System | Bemerkung |
|---|---|---|
| 1-9 | Flöte | Die Bindebögen sind in allen Quellen verschieden angegeben. Die vorliegende Ausgabe bringt eine Auswahl aus denselben teils nach dem Mehrheitsprinzip, teils nach einem sinnvollen Gesamtzusammenhang. Alle Zusätze sind durch Strichelung oder Klammern gekennzeichnet. |

### 2. Satz Allegro

| Takt | System | Bemerkung |
|---|---|---|
| 24 | Cembalobass | Quelle A gibt als Bezifferung des ersten Achtels richtig 4 an, alle anderen Quellen haben ♯ |
| 45 | Flöte | Das 8. Sechzehntel wird in allen Quellen mit *d"* angegeben und wurde, anders als in älteren Ausgaben, hier so übernommen. |

### 3. Satz Adagio

| Takt | System | Bemerkung |
|---|---|---|
| 3 | Flöte | Quelle E gibt den *tr* auf der ersten Note des 4. Viertels an, alle anderen Quellen wie hier. |
| 8 | Flöte | Quellen B, D und E haben als 2. Note *cis"*, Quelle A dagegen *e"*. Hier wurden beide Formen zur Auswahl in den Notentext aufgenommen. |
| 13 | Flöte | Quelle E bringt eine rhythmische Variante, die ebenfalls im Notentext erscheint. |
| 14 | Partitur | Die Fermate steht mit Ausnahme von Quelle E nur im Bass. |

### 4. Satz Menuett I

| Takt | System | Bemerkung |
|---|---|---|
| 8 | Flöte | Der Vorschlag ist nur in Quelle E angegeben. |
|   | Cembalo R.H. | Quelle A gibt den Vorschlag als kleine Achtelnote an. |
| 9/10 | Cembalo R.H. | Die beiden Haltebögen fehlen in Quelle E, sind aber in allen anderen Quellen vorhanden. |

# Sonate e-Moll BWV 1034

Die Autorschaft Bachs steht hier außer Zweifel, gleichwohl ist die Sonate nur in Abschriften erhalten, die in einigen Punkten voneinander abweichen.

Quellen:

A = Musikbibliothek der Stadt Leipzig
    Partiturabschrift Wilhelm Friedemann Bach zugeschrieben
    Signatur: Ms. R 17
    Titel: *Sonata a Flauto Traverso col Cembalo da J.S. Bach*
B = Staatsbibliothek zu Berlin, Preußischer Kulturbesitz
    Partiturabschrift aus einem Sammelband von Joh. Peter Kellner, ohne Bezifferung.
    Signatur: Mus. Ms. Bach P 804
C = Staatsbibliothek zu Berlin, Preußischer Kulturbesitz
    Partiturabschrift, früher der Singakademie zu Berlin gehörend, mit abweichenden
    Schlusswendungen, hier im Notentext wiedergegeben.
    Signatur: Mus. ms. Bach P 233
D = Staatsbibliothek zu Berlin, Preußischer Kulturbesitz
    Partiturabschrift mit ausgesetzter Continuostimme
    Signatur: Mus. ms. Bach P 619
E = Staatsbibliothek zu Berlin, Preußischer Kulturbesitz
    Partiturabschrift, Signatur: Mus. ms. Bach P 529
F = Staatsbibliothek zu Berlin, Preußischer Kulturbesitz
    Stimmenabschrift mit nur teilweise ausgesetztem Continuo
    Signatur: Mus. ms. Bach St 432

## 1. Satz Adagio non tanto

| Takt | System | Bemerkung |
|---|---|---|
| 15 | Flöte | Alle Quellen geben im 2. Viertel *a'* an, nur Quelle F hat *ais'*. |
| 16 | Flöte | Das ♯ vor dem 9. Sechzehntel *a''* ist nur in den Quellen B und C angegeben, in den anderen fehlt es. |
| 30 | Partitur | Quelle C hat an Stelle der ganzen Note eine halbe Note mit einer halben Pause ohne Fermate, wie im Notentext als Variante vermerkt. |

## 2. Satz Allegro

| Takt | System | Bemerkung |
|---|---|---|
| 11 | Flöte | Der Haltebogen zum nächsten Takt fehlt in den Quellen B und C, in den anderen Quellen wie hier. |
| 25 | Continuo | Letztes Achtel in Quelle C = *a*, in allen anderen Quellen wie hier. |
| 26 | Flöte | Quelle B, C und F haben im 4. Viertel *d''* statt *c''*, in allen anderen Quellen wie hier. |
| 31 | Flöte | Das 4. Achtel in Quelle C = *e''*, in allen anderen Quellen wie hier. |
| 39 | Flöte | Das *cis'''* im 2. Viertel, was alle Quellen bringen, wurde bewusst nicht der Parallelstelle in Takt 15 angeglichen, wie in neueren Ausgaben (siehe auch Vorwort zu Band I). |
| 70 | Flöte | Die Variante der Quelle C wurde im Notentext wiedergegeben. |

## 3. Satz Andante

| Takt | System | Bemerkung |
|---|---|---|
| 1 | Partitur | In Quelle B fehlen die Takte 1-6. |
| 19 | Flöte | Die vorletzte Note in den Quellen A, D und F = *c''*, in allen anderen wie hier. |
| 23 | Flöte | Quelle F gibt den *tr* auf dem ersten Achtel an, alle anderen wie hier. |
| 26 | Flöte | Die Rhythmusvariante aus Quelle B ist in den Notentext aufgenommen. |
| 36 | Continuo | Quelle B notiert das 2.-6. Achtel eine Oktave tiefer. |
| 46 | Flöte | Nur Quelle C gibt auf der 1. Note einen Triller an, der in den Notentext übernommen wurde. |
| 50 | Flöte | Quelle C gibt auf dem 4. Achtel eine rhythmische Variante an, die in den Notentext aufgenommen wurde. |
| 54 | Flöte | Quelle C bringt auf dem 1. Viertel eine ebenfalls in den Notentext übernommene Variante. |

### 4. Satz Allegro

| Takt | System | Bemerkung |
|---|---|---|
| 2 | Partitur | In Quelle B fehlt das *p*. |
| 3 | Partitur | Das *f* ist nur in Quelle C angegeben. |
| 37 | Partitur | Quelle B gibt nur hier *p* und *pp* an, in Quelle C fehlt das *pp*. |
| 38 | Partitur | Das *f* ist nur in Quelle C angegeben. |
| 42 | Partitur | Die *seconda volta* ist nur in Quelle C vorhanden, daher im Kleinstich in den Notentext aufgenommen. |
| 55 | Flöte | Quelle C notiert das 2. und 3. Viertel eine Terz höher, eine Lesart, die in einige neuere Drucke übergegangen ist, alle anderen Quellen wie hier. |
| 59 | Flöte | Das Auflösezeichen vor *c"* ist nur in Quelle C angegeben, sollte aber analog Takt 58 ergänzt werden. |
| 61 | Flöte | Das ♯ vor *g"* fehlt in allen Quellen, sollte aber analog Takt 60 ergänzt werden. |
| 83 | Partitur | Bei Quelle B fehlt die Takt 37 angegebene Dynamik. |
| 84 | Partitur | Das *f* ist nur in Quelle C angegeben. |
| 87/88 | Flöte | Die Variante aus Quelle C wurde zusätzlich in den Notentext aufgenommen. |

## Sonate E-Dur BWV 1035

Diese Sonate ist in drei Abschriften überliefert, wovon die nachgenannten Quellen A und B jeweils eine Widmung an den Kämmerer Fredersdorff am Hofe Friedrichs des Großen enthalten. Quelle A hat unter dem Titel die Angabe: *für den Kämmerier Fredersdorff aufgesetzt* und enthält einen ausgesetzten Generalbass. Quelle B trägt auf der Titelseite die Aufschrift: *Sonata per Traverso solo e Continuo del Sgre. Giov. Seb. Bach* und weiter unten: *Auf dem Exemplare, von welchem diese Abschrift genommen worden ist, steht die Bemerkung: nach dem Autographo des Verfassers welches a 17... da er in Potsdam war, für den Geh. Kämmerir Fredersdorf von ihm verfertigt worden.*

An einigen Stellen der vorliegenden Ausgabe wurde, insbesondere im letzten Satz, die Artikulation in doppelter Weise ausgeführt: die überlieferte, aber vielleicht fehlerhafte, in normaler, die hinzugesetzte in gestrichelter Bogensetzung.

Quellen:
A = Staatsbibliothek zu Berlin, Preußischer Kulturbesitz
   Partiturabschrift
   Signatur: Mus. ms. Bach P 621
B = Staatsbibliothek zu Berlin, Preußischer Kulturbesitz
   Partiturabschrift
   Signatur: Mus. ms. Bach P 622
C = Bibliothèque du Conservatoire Royal de Musique, Brüssel
   Signatur: Vol. XY 15.140 (zusammen mit e-Moll Sonate; um 1850)

### 1. Satz Adagio ma non tanto

| Takt | System | Bemerkung |
|---|---|---|
| 7 | Flöte | In den Quellen ist *e"* als Vorschlagsnote angegeben, nicht *dis"*, wie in allen neueren Ausgaben. Die Bezifferung bezieht sich nicht auf den Vorschlag! |
| 8 | Flöte | Die Bogensetzung über dem 1. Viertel ist hier nach Quelle B vorgenommen, Quelle A ist als Variante ebenfalls wiedergegeben (unterer Bogen). |
| 18 | Flöte | Das ♯ vor *a'* im 1. Viertel der Flöte fehlt in Quelle A. |
| 20 | Flöte | Die Bindebögen fehlen in Quelle A. |

## 2. Satz Allegro

- 8    Continuo    Die Bezifferung $^6_{4\,2}$ für das 2. Achtel ist falsch, es muss nach Takten 4 und 60 nur $^6_4$ heißen.
- 21    Continuo    Die Quellen haben als Bezifferung für das 4. Achtel ♮ angegeben, da es sich um eine der sehr häufigen Verwechslungen mit ♯ handelt, ist ♯ dafür gesetzt.
- 34    Continuo    Die Quellen geben als Bezifferung für das 4. Achtel ♯ an, hier handelt es sich um eine Verwechslung mit ♮, so dass $^{4+}_2$ gesetzt werden muss.
- 42    Flöte    Da Takt 44 ohne Bindung, dürfte der Bindebogen ein Schreibversehen sein.
- 64    Continuo    Der Auflöser in der Bezifferung für das 2. Achtel ist möglicherweise ein Lesefehler für ♭ und wurde daher weggelassen.
- 69    Continuo    Die Bezifferung 2 für das 3. Achtel wurde in 6 geändert. Siehe auch Takte 65 und 67.

## 3. Satz Siciliano

- 2 ff.    Partitur    Die Vorschläge sind wiedergegeben, wie sie in den Quellen stehen. Der durchstrichene Achtelvorschlag bedeutet Sechzehntel.
- 4    Continuo    Der Staccato-Punkt auf dem letzten Achtel fehlt in Quelle A.
- 17    Continuo    Der Auflöser vor *d* auf dem 2. Achtel fehlt in Quelle A und B, ist aber vor dem 4. Achtel angegeben.
- 23    Continuo    Die in den Quellen mit $^7_5$ bezeichnete Bezifferung der ersten beiden Sechzehntel muss vermutlich auf der ersten Note $^7_5$ heißen.

## 4. Satz Allegro assai

- 10    Flöte    Der Bindebogen fehlt in Quelle A.
- 11    Flöte    Der Staccato-Punkt fehlt in Quelle A.
-       Continuo    Das 4. Achtel in den Quellen wohl irrtümlich *dis* statt *H*.
- 37    Flöte    Das letzte Viertel hat unterschiedliche Tonfolge: In Quelle A = *fis-gis-a-fis*. In Quelle B = *fis-a-gis-fis*. Ein Versehen beim Abschreiben ist eher bei Quelle A anzunehmen. Im Notentext sind beide Versionen wiedergegeben
- 43    Continuo    Bei der Bezifferung für das 6. Achtel ist statt $^6_5$ vielleicht $^{7♭}_5$ gemeint.

Da in der Barockmusik die Trillersetzung an jeder geeigneten Stelle vorgenommen werden konnte und auch die Ausführung der Triller dem Geschmack des Spielers weitgehend überlassen wurde, ist im Revisionsbericht darauf verzichtet worden, die Unterschiede der Trillerschreibung und -setzung aus den verschiedenen Quellen im Einzelnen aufzuführen. Alle dort vorhandenen Triller sind im Notentext verzeichnet, weitere Zusätze durch Klammern kenntlich gemacht. Hierbei kommt das von Bach verwendete Zeichen für Triller mit Vorhalt häufiger zur Anwendung.

Bei der Aussetzung des Generalbasses wurde besonderes Augenmerk auf zwei Quellen aus Bachs Umkreis bzw. auf einige Stellen seiner Kompositionen gelegt:

Generalbassschulen:
1) Johann David Heinichen, *Der General-Bass in der Composition*, Dresden 1728
   (für dieses Werk übernahm Bach den Vertrieb in Leipzig!)
2) Johann Mattheson, *Grosse General=Baß=Schule*, Hamburg 1731

Aussetzungen von Bachs eigener Hand innerhalb von Kammermusikwerken mit obligatem Cembalo:
1) **Sonate für Violine und Cembalo E-Dur, BWV 1016**
   1. Satz Adagio (ganzer Satz)
   3. Satz Adagio ma non tanto (Takte 1-12; 39f.)
2) **Sonate für Flöte und Cembalo h-Moll, BWV 1030**
   1. Satz Andante (Takte 21-26; 59-62)
   2. Satz Largo e dolce (ganzer Satz)

Publikationen zum Generalbassspiel bei Johann Sebastian Bach:
1) Artikel „Generalbass" in MGG (Die Musik in Geschichte und Gegenwart), 2. Aufl.
2) Jesper Bøje Christensen, *Zur Generalbass-Praxis bei Händel und Bach*, in: Basler Jahrbuch für Historische Musikpraxis IX, Basel 1985.

# MUSIK FÜR CEMBALO
## MUSIC FOR HARPSICHORD

ALBRECHTSBERGER 6 Fugen op. 7 .... EP 8209
C.Ph.E. BACH 6 Sonaten Wq 70/1-6 .... EP 8009a
– Sonaten und Stücke Wq 50/5; 51/3; 52/3;
  61/1; 65/48; 116/16, 17, 21, 37; 117/25;
  118/9 (Hermann) .................. EP 4188
J.Chr. BACH 10 Sonaten (Landshoff)
– Bd. I: aus op. 5 (E, D), op. 17 (A, G, c) . EP 3831a
– Bd. II: aus op. 5 (Es, c, G), op. 17 (B, Es) EP 3831b
J.S. BACH 16 Konzerte nach Vivaldi, Marcello,
  Telemann u.a. BWV 972-987 (Schering) ... EP 217
– Die Kunst der Fuge BWV 1080, Urtext (Wolff)
– – Frühere Fassung der autogr. Partitur ... EP 8586a
– – Spätere Fassung des Originaldrucks ... EP 8586b
– Brandenburgisches Konzert Nr. 5
  Cembalo-solo Stimme .......... Cemb zu 4414
weitere Werke siehe Editionskatalog
J. DILLON Birl für Cembalo ........... EP 7353
FROBERGER 9 Suiten und Stücke ...... EP 4407a
HÄNDEL Suiten (1. Slg.) HWV 426-433 . EP 4981
– Suiten (2. Sammlung) HWV 434-442 .... EP 4982
– Suite d (HWV 447), Suite g (HWV 452)
  und ausgew. Stücke HWV 481, 483, 485, 488,
  490, 516c, 519, 574, 575, 577, 578, 585 . EP 4983
– 6 Fugen op. 3 (HWV 605-610) ......... EP 4984
– Suite d (HWV 448), Sonatina d (HWV 581),
  Partita A (HWV 454), u.a. .......... EP 4985
HÄSSLER 6 leichte Sonaten G, A, d, B, F, C EP 1862
W. HEIDER Inventio III für Cembalo ..... EP 4848
– Programm für Cembalo und Tonband .... EP 8062
KREBS Klavierübung über 13 Choräle .... EP 4178
KUHNAU 6 Biblische Sonaten, Urtext
– Nr. 1 Streit zwischen David und Goliath . EP 4840a
– Nr. 2 Der von David curirte Saul ....... EP 4840b
– Nr. 3 Jacobs Heirat ................. EP 4840c
– Nr. 4 Der todtkranke und wieder gesunde
  Hiskias ........................ EP 4840d
– Nr. 5 Der Heyland Israelis: Gideon ..... EP 4840e
– Nr. 6 Jacobs Tod und Begräbnis ....... EP 4840f
PACHELBEL 12 Suiten und Variationen .. EP 4407b
– Musikalische Sterbensgedanken ........ EP 8616
RATHGEBER 10 Weihnachts-Pastorellen . EP 8087

D. SCARLATTI 150 Sonaten, 3 Bände
– Bd. I: K 4, 8, 9, 11, 19, 63, 67, 69, 70, 78,
  87, 106, 118, 123, 129, 135, 149, 200, 206,
  213, 226, 235, 245, 247, 259, 268, 270, 274,
  278, 283, 284, 318, 375, 394, 397, 402, 406,
  412, 420, 426, 429, 430, 434, 446, 451, 471,
  499, 513, 518, 544 ................ EP 4692a
– Bd. II: K 1, 3, 15, 16, 25, 31, 33, 46, 49, 51,
  52, 64, 84, 104, 110, 125, 126, 127, 133, 140,
  145, 146, 159, 173, 183, 202, 203, 244, 246,
  269, 319, 356, 371, 373, 380, 387, 388, 390,
  405, 419, 438, 461, 470, 476, 514, 524, 525,
  533, 537, 553 ................... EP 4692b
– Bd. III: K 12, 13, 18, 20, 22, 24, 26, 28, 29,
  30, 44, 54, 65, 72, 96, 98, 108, 113, 114, 119,
  120, 130, 131, 132, 139, 141, 169, 175, 193,
  261, 299, 348, 366, 367, 377, 386, 427, 435,
  445, 447, 450, 477, 487, 502, 519, 523, 529,
  545, 548, 551 ................... EP 4692c
– Klavierbüchlein (Weismann) K 34, 42, 63, 73,
  81, 90, 95, 208, 287, 322, 328, 415, 431 EP 5009
TAKAHASHI Bridges für elektr. Cembalo EP 66234
TALLIS Sämtl. Werke für Tasteninstrumente EP 7476
A. TCHEREPNIN Suite op. 100 ........ EP 6879
TELEMANN 12 Fantasien (aus TWV 33) .. EP 4681
E.W. WOLF 5 Sonaten (d, B, G, d, A) ... EP 66934
R. ZECHLIN Im Salon der Rahel Levin .. EP 10489

*SAMMLUNGEN*

ALTE MEISTER DER KLAVIERMUSIK
– Deutsche Meister der 16.-18. Jahrhunderts EP 4641a
– Französische Clavecinisten ............ EP 4641b
– Italienische Meister des 17.-18. Jahrh. ... EP 4641c
– Englische, niederländische und spanische
  Meister des 16.-18. Jahrhunderts ...... EP 4641d
B-A-C-H-Fugen der Familie Bach ........ EP 8526
SPIELBUCH für die Kleinorgel oder andere
  Tasteninstrumente (Auler)
– Bd. I: 24 Stücke von Cabeçon, Bernh. Schmid,
  Scheidt, Frescobaldi, Kerll, u.a. ........ EP 4527a
– Bd. II: 20 Stücke von Pachelbel, Krieger,
  Murschhauser, G.A. Sorge, u.a. ........ EP 4527b

C. F. PETERS · FRANKFURT/M. · LEIPZIG · LONDON · NEW YORK
www.edition-peters.de · www.edition-peters.com